VORWORT

Fremde Sprachen, exotische Gerüche, faszinierende Architektur: Seit jeher übt das Reisen und die Begegnung mit dem Unbekannten eine große Faszination auf die Menschen aus. Reisen erweitert den Horizont und kann die Sicht auf unsere Welt verändern. Leider ist es im Alltag nicht immer möglich, sich einfach in den Zug oder ins Flugzeug zu setzen – eine kleine Gedankenreise lässt sich aber auch nach Hause holen.

Dieses Buch nimmt Sie auf eine visuelle Weltreise mit. Streifen Sie durch aufregende Städte und beeindruckende Natur, genießen Sie die Sonne am Strand und schlagen Sie ihr Zelt in der Wildnis auf. Die vielfältigen Motive laden zum Ausmalen und Entspannen ein und sind die perfekte Vorlage, um der Fantasie freien Lauf lassen.

Der Anleitungsteil auf den ersten 14 Seiten gibt Informationen und Tipps, wie Sie Ihre Bilder am effektvollsten gestalten. Lassen Sie sich hier zu noch eindrucksvolleren Bildern inspirieren, aber vertrauen Sie auch auf Ihr Bauchgefühl. Das Ausmalen soll Ihnen in erster Linie Vergnügen bereiten.

MATERIAL

Farbstifte

Farbstifte, auch Buntstifte genannt, gibt es in unterschiedlichen Größen, Dicken und Härten.

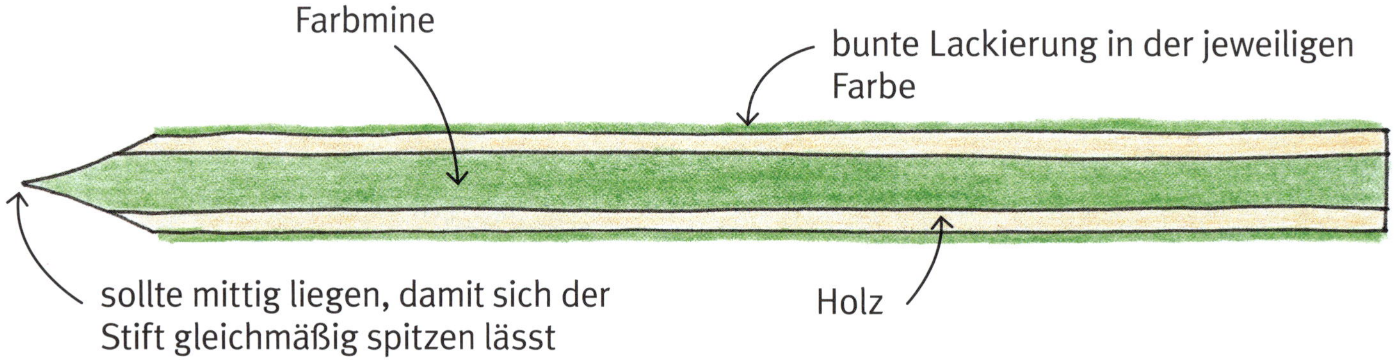

Farbmine

bunte Lackierung in der jeweiligen Farbe

sollte mittig liegen, damit sich der Stift gleichmäßig spitzen lässt

Holz

Die Pigmente, aus denen die Farbmine hergestellt wird, werden aus Tonerde, Metallen, Pflanzen, Gestein oder synthetisch gewonnen.

Mit Fett, Ton, Wachs, Talkum und verschiedenen Bindemitteln vermischt, wird die Masse anschließend gepresst und getrocknet.

Aquarellstifte

Aquarellstifte sehen wie Farbstifte aus ...

... lassen sich jedoch mit Wasser und Pinsel vermalen.

1. Erst wie mit einem Farbstift malen.

2. Dann mit Pinsel und Wasser vermalen.

feine Spitze für Details

mittlerer Pinsel für Flächen

Mit wenig Wasser bleibt die Farbe dunkel & kräftig.

Mit viel Wasser wird die Farbe heller & zarter.

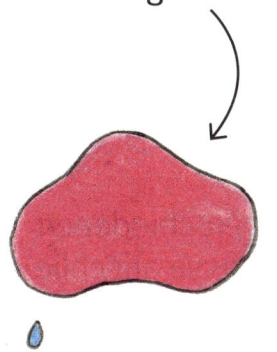

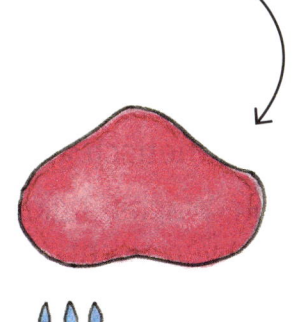

Tipp: Aquarell wird von hell nach dunkel gemalt. Weiße Stellen werden einfach leer gelassen. Es lohnt sich also vorher schon zu überlegen, wo Schatten- und Lichtseiten sind.

FARBAUFTRAG

Kräftig & zart

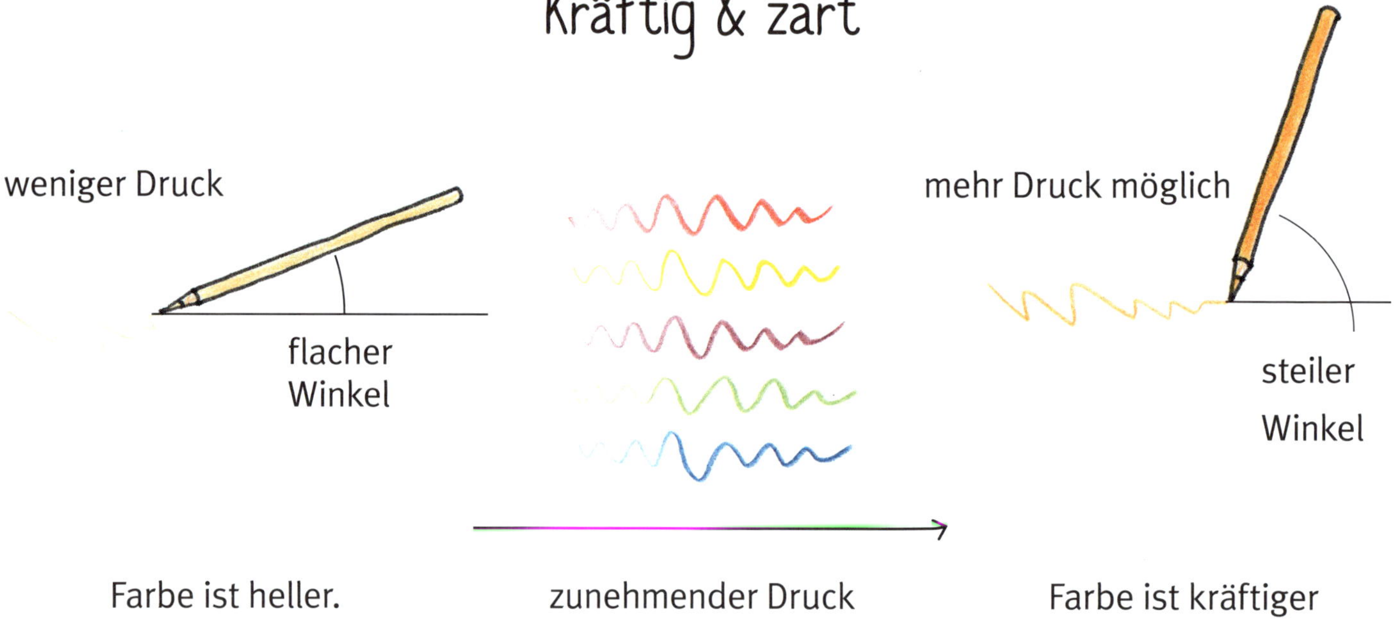

weniger Druck

flacher Winkel

mehr Druck möglich

steiler Winkel

Farbe ist heller.

zunehmender Druck

Farbe ist kräftiger

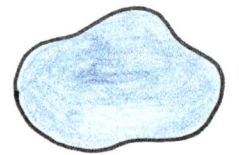 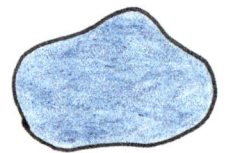 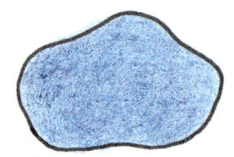  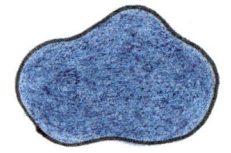

Wenn du mit sanftem Druck mehrere Schichten übereinander malst, erhältst du mehr Tiefe.

Tipp: Je weiter vorne du den Stift hältst, desto leichter kannst du feine Details malen.

Von transparent bis deckend

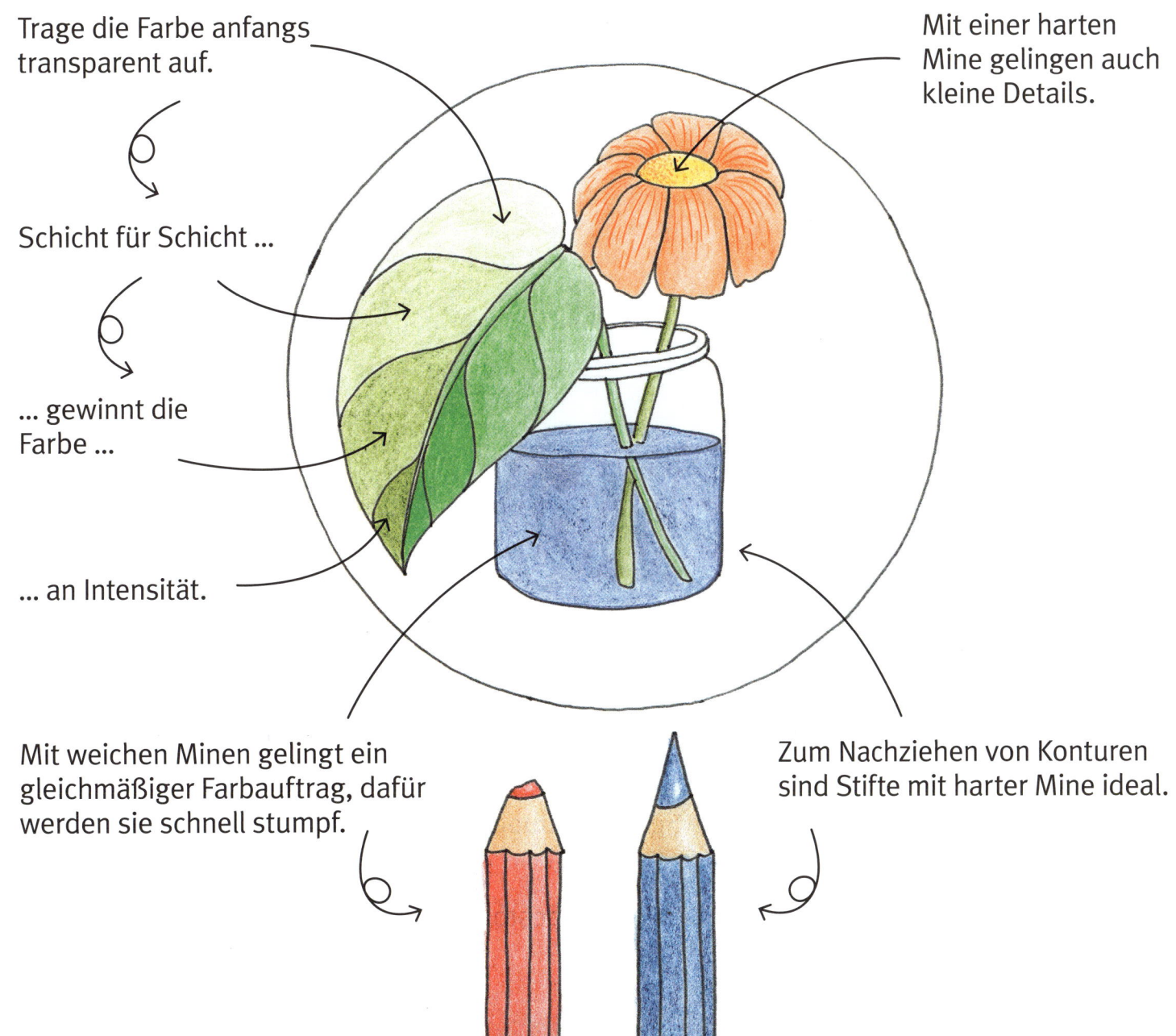

Trage die Farbe anfangs transparent auf.

Schicht für Schicht ...

... gewinnt die Farbe ...

... an Intensität.

Mit einer harten Mine gelingen auch kleine Details.

Mit weichen Minen gelingt ein gleichmäßiger Farbauftrag, dafür werden sie schnell stumpf.

Zum Nachziehen von Konturen sind Stifte mit harter Mine ideal.

KLEINE FARBENLEHRE

Primär- und Sekundärfarbe

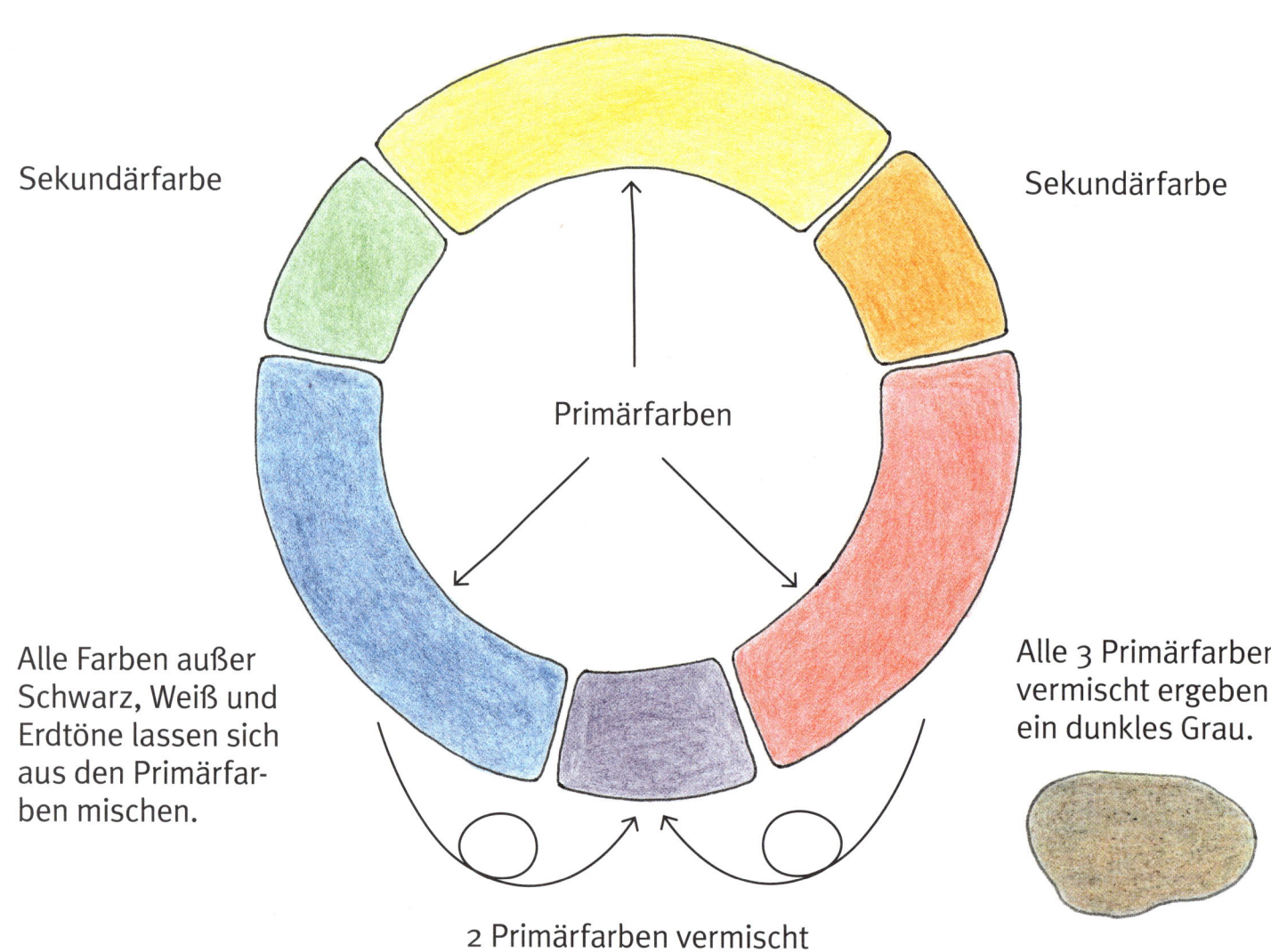

Sekundärfarbe

Sekundärfarbe

Primärfarben

Alle Farben außer Schwarz, Weiß und Erdtöne lassen sich aus den Primärfarben mischen.

Alle 3 Primärfarben vermischt ergeben ein dunkles Grau.

2 Primärfarben vermischt ergeben 1 Sekundärfarbe.

Komplementärfarben

Farben, die sich im Farbkreis gegenüberstehen, nennt man Komplementärfarben.

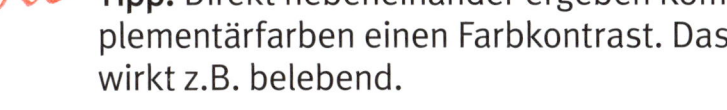

Tipp: Direkt nebeneinander ergeben Komplementärfarben einen Farbkontrast. Das wirkt z.B. belebend.

Der Komplementärkontrast ist der stärkste Farbkontrast.

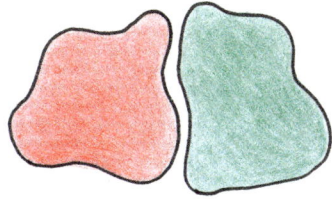

Rot & Grün

Gelb & Lila

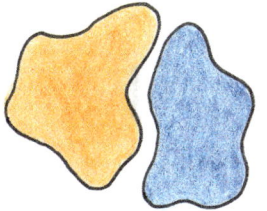

Orange & Blau

Tipp: Für ein harmonisches Bild mischst du die Farben am besten im Verhältnis 1:3.

FARBEN MISCHEN

2 Farben übereinanderlegen

Gelb & Blau

Die Farben verschmelzen nie komplett miteinander. Das macht es lebendig.

Zart

Kräftig

Erst Gelb, dann Blau

Mit leichten, kreisenden Bewegungen werden Übergänge sanfter und harmonisch.

Zart

Kräftig

Erst Blau, dann Gelb

Arbeite am besten von hell (sanft) nach dunkel (kräftig).

Abdunkeln und aufhellen

Unterschiedliche Helligkeitsabstufungen (Tonwerte) machen ein Bild spannend & ästhetisch.
Mit Schwarz abgedunkelt erhalten die Farben einen Grauschleier und verlieren ihre Tiefe:

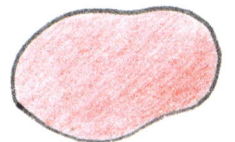 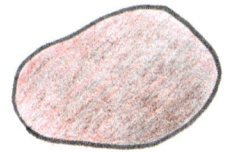   

Verwende lieber ein dunkles Braun wie Umbra zum Abdunkeln:

Man kann auch mit der Komplementärfarbe eine Farbe abdunkeln:

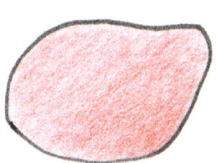    

Mit einem weißen Stift lässt sich eine Farbe etwas aufhellen. Manchmal gelingt es besser, die
gleiche Farbe mit weniger Druck aufzutragen:

FARBWIRKUNGEN
Warme & kalte Farben

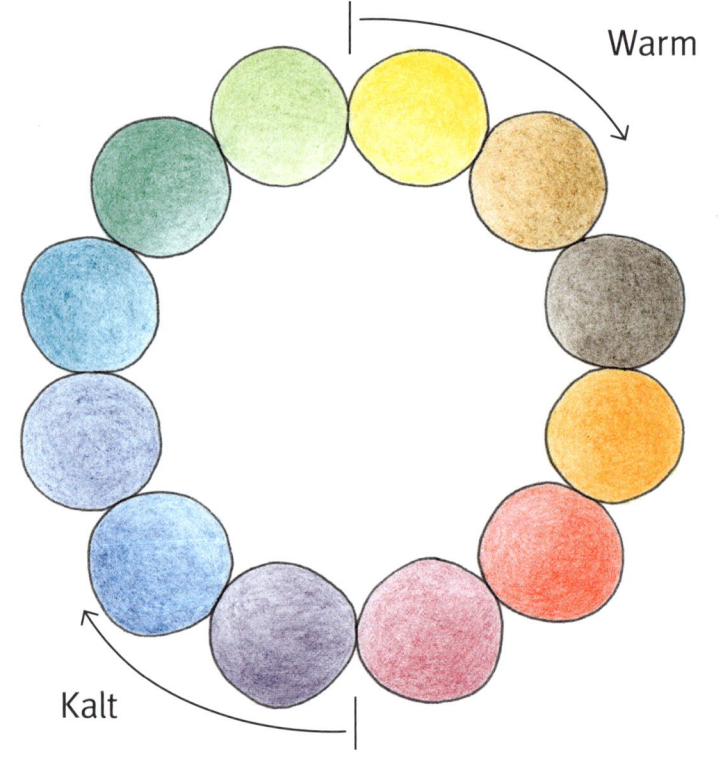

Warm

Warme Farben
wirken lebendig
und anregend.

Kalte Farben
wirken ruhig und
distanziert.

Kalt

Kalte Farben lassen sich „aufwärmen".

   kalte Farbe auftragen

   warme Farbe leicht darüber
arbeiten

Ebenso lassen sich warme Farben
„abkühlen".

   warme Farbe auftragen

   kalte Farbe leicht darüber
arbeiten

Die linke Hälfte des Mandalas wurde mit kalten Farben ausgemalt. Kalte Farben wirken auf uns distanziert, das Bild weicht vor uns zurück.

Die rechte Hälfte wurde mit warmen Farben ausgemalt. Diese Farben vermitteln Wärme und Lebendigkeit.

BILDEFFEKTE
Bildtiefe & Dreidimensionalität

Licht

Schatten

Licht und Schatten machen ein Motiv plastisch und lebendig.

Glanzlichter setzen

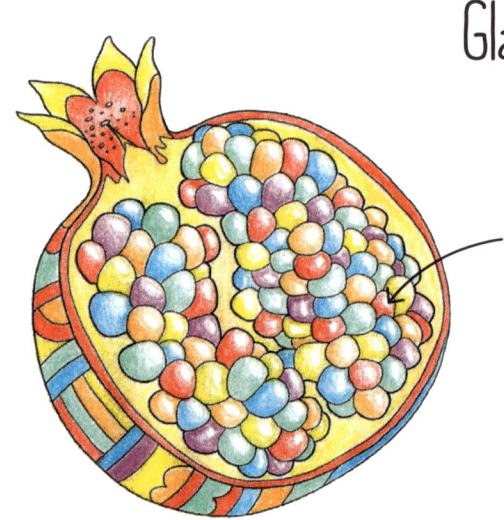

Sobald ein Objekt im Licht ist, gibt es Lichtreflexionen, also kleine, helle Stellen.

Glanzlichter machen ein Bild lebendiger und heller.

Polieren

Durch das Polieren werden die Farbflächen glatt und gleichmäßig. Es gibt verschiedene Werkzeuge, die sich als Hilfsmittel eignen.

Farbloser Polierstift
Intensiver Glanz

Weißer Farbstift

Heller, pastelliger Farbton

Papierwischer

Gezieltes Ver-wischen möglich

1. Ausmalen, Glanzlichter weiß lassen.

2. Polieren, verwischte Stellen säubern und zum Schluss Ränder nachziehen.

Dekorative Effekte

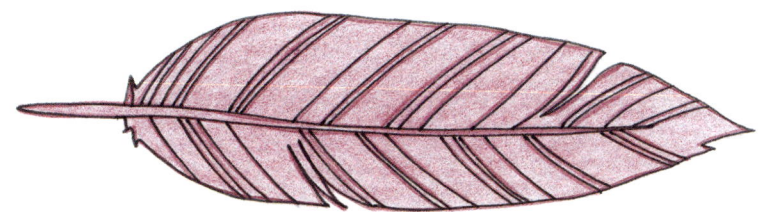

Mit Buntstiften kann man noch viele weitere Effekte erzielen, die nicht immer realistisch sein müssen. Hier wurde der Hintergrund zart gemalt und die Konturen mit einem dunkleren Buntstift nachgezogen.

STIFTE TESTEN

Probiere deine Stifte vor dem Malen aus. So siehst du nicht nur, wie die Farben auf dem Papier wirken, du kannst auch Farbkombinationen und -mischungen ausprobieren.

Auf dieser Seite kannst du Farbkombinationen testen.

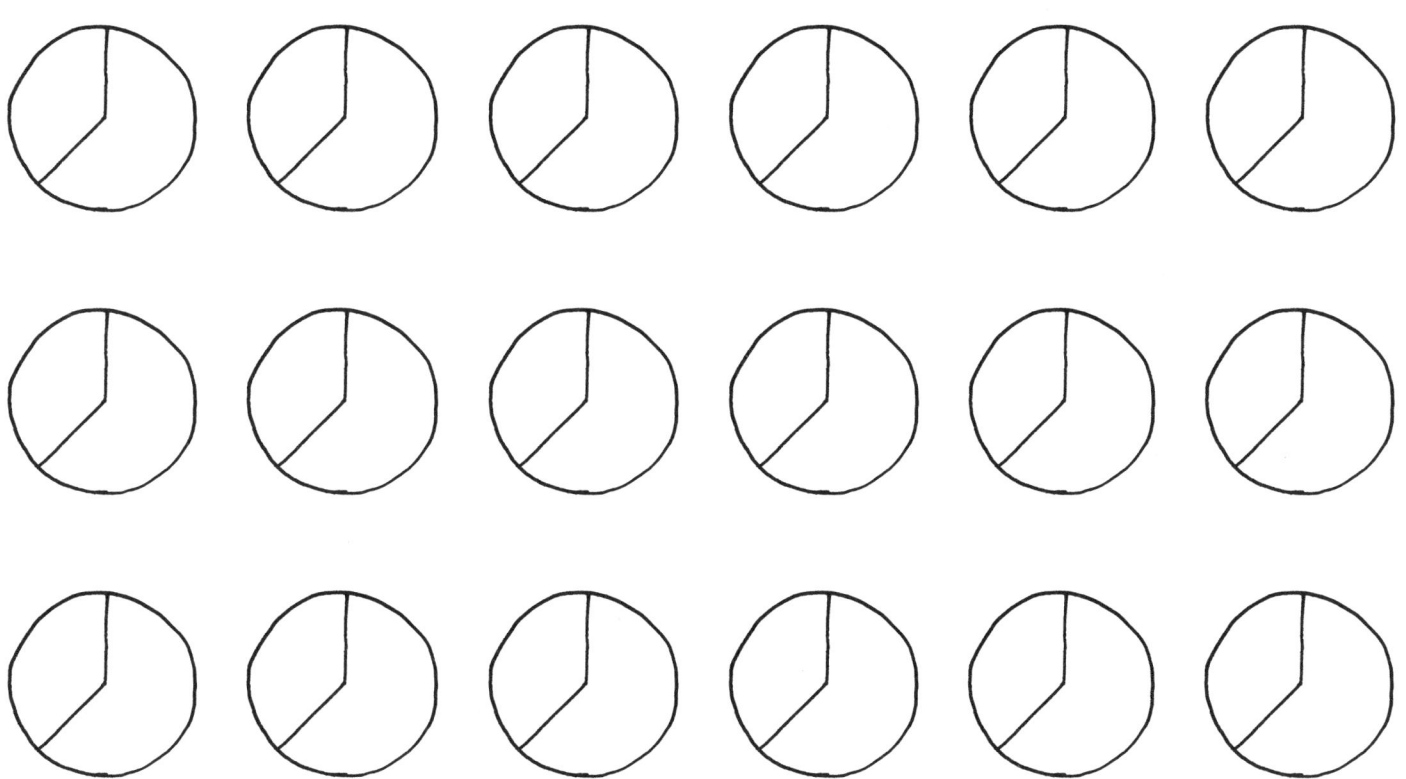

DAS *wichtigste Stück*
DES REISEGEPÄCKS
IST UND BLEIBT
EIN *fröhliches Herz.*

HERMANN LÖNS

COLORFUL FACT

Seit einem Erdbeben im Jahr 1989
wohnen aus ungeklärten Gründen See-
löwen am Pier 39 in Fisherman's Wharf,
einem Hafenviertel in San Francisco.

Liebst du *dein Kind,*
so schicke es
auf Reisen.

INDISCHES SPRICHWORT

Eine Reise ist ein *Trunk*
aus der
Quelle des Lebens.

CHRISTIAN FRIEDRICH HEBBEL

Nur *Reisen* ist *Leben,* wie umgekehrt *Leben Reisen* ist.

JEAN PAUL

COLORFUL FACT

Russland besteht aus 815 Millionen
Hektar Wald und ist somit das
waldreichste Land der Welt.

COLORFUL FACT

Die schönsten Muscheln findet man
in Florida, Australien oder Schottland.
Auf der schottischen Insel Isle of Skye
gibt es einen Strand voller Muscheln
und abgebrochener Korallenstücke
in allen erdenklichen Farben.

COLORFUL FACT

Die schmalste Gasse der Welt liegt
in Reutlingen: Die Spreuerhofstraße
ist nur 31 cm breit.

REISEN *veredelt* DEN *Geist* UND RÄUMT MIT UNSEREN *Vorurteilen* AUF.

OSCAR WILDE

COLORFUL FACT

Kirschblüten heißen auf Japanisch
Sakura. Die Blütezeit beginnt dort
normalerweise Mitte März und geht,
je nach Klimazone, bis Anfang Mai.

In der *Fremde* erfährt man mehr als *zu Hause.*

SPRICHWORT AUS TANSANIA

COLORFUL FACT

In ganz Paris gibt es nur
ein einziges Stoppschild.

DIE GRÖSSTE

Sehenswürdigkeit,

DIE ES GIBT, IST

die Welt –

SIEH SIE DIR AN.

KURT TUCHOLSKY

WER REIST *im Flug*,

DER WIRD *nicht klug.*

SPRICHWORT AUS FINNLAND

Nichts BRINGT UNS AUF UNSEREM *Weg* BESSER VORAN ALS EINE *Pause.*

ELIZABETH BARRETT BROWNING

COLORFUL FACT

Die Bienenelfe, auch Elfenkolibri
genannt, gilt weltweit als kleinste
Vogelart und lebt nur in Kuba.

COLORFUL FACT

In Papua-Neuguinea gibt es über
700 Sprachen aus 14 Sprachgruppen,
die alle noch aktiv gesprochen werden.

ERST EINE

gemächliche REISE

IST EINE REISE.

SPRICHWORT AUS AFRIKA

Wenn du nicht weisst,
wo du hingehst,
wird dich *jede* Strasse
dorthin bringen.

Lewis Carroll

COLORFUL FACT

In China war Rosa lange eine
unerkannte Farbe. Durch westliche
Einflüsse wurde aber auch hier
Rosa in die Kultur aufgenommen.
Das chinesische Wort für Rosa heißt
übersetzt „Fremdfarbe".

COLORFUL FACT

Die Niagarafälle gefrieren nie.

Erst das *Auge*
schafft die *Welt.*

CHRISTIAN MORGENSTERN

COLORFUL FACT

Der Eiffelturm ist je nach Jahres-
zeit unterschiedlich groß. Durch die
unterschiedlichen Temperaturen zieht
das Stahl sich zusammen oder dehnt
sich aus. Beim Eiffelturm kann dies einen
Unterschied von bis zu 15 cm machen.

COLORFUL FACT

Auf Island und auf den Färöerinseln
gibt es keine Stechmücken.

STEIGST DU NICHT AUF DIE *Berge,*

SO SIEHST DU AUCH NICHT

IN DIE *Ferne.*

SPRICHWORT AUS CHINA

COLORFUL FACT

Die Provence ist sonniger und wärmer
als z.B. Los Angeles oder Miami.
Im Durchschnitt scheint die Sonne
dort jährlich 2.900 Stunden lang.

WIR HABEN
genug Zeit,
WENN WIR SIE NUR
richtig verwenden.

UNBEKANNT

COLORFUL FACT

Die größte Wüste der Welt besteht gar nicht aus Sand. Es ist die Antarktis.

COLORFUL FACT

Der Bau der Basilika Sagrada Família,
die in Barcelona steht, wurde 1882
begonnen und ist immer noch nicht
abgeschlossen.

WER AN DER *Küste* BLEIBT,

KANN KEINE

NEUEN *Ozeane* ENTDECKEN.

FERDINAND MAGELLAN

DEN OHNE *Wurzeln* WIRD DER *Wind* DAVONTRAGEN.

UNBEKANNT

Wege ENTSTEHEN DADURCH,

DASS MAN SIE GEHT.

FRANZ KAFKA

Wer vor der *Tür* steht,
hat den grössten Teil der *Reise*
schon hinter sich.

SPRICHWORT AUS HOLLAND

COLORFUL FACT

Central Park, der Stadtpark
im Herzen Manhattans, ist größer
als der Stadtstaat Monaco.

COLORFUL FACT

Der Sage nach erhielt die griechische
Insel Mykonos ihren Namen dadurch,
dass Herakles Riesen bekämpfte und
ins Meers warf, diese zu Stein erstarrten
und die Insel formten.

COLORFUL FACT

Der abgelegenste Ort der Welt sind die Tristan da Cunha Inseln. Sie sind 2.434 km von St. Helena, dem nächst-gelegenen bewohnten Ort, entfernt.

Einmal IM JAHR SOLLTEST DU EINEN *Ort* BESUCHEN, AN DEM DU NOCH NIE WARST.

DALAI LAMA

DU KOMMST *nirgends* AN, WENN DU NUR AN *sonnigen* TAGEN GEHST.

SPRICHWORT AUS DEN USA

EINE *Reise* BEGINNT MIT DEM ERSTEN *Schritt* IN DIE *richtige Richtung.*

SPRICHWORT AUS HAWAII

Wohin DU AUCH GEHST,

GEHE MIT

ganzem Herzen.

KONFUZIUS

COLORFUL FACT

Der Mount Wai'ale'ale in Hawaii ist
der niederschlagreichste Ort der Welt.
Dort regnet es an 335 Tagen im Jahr.

Man entdeckt keine neuen Erdteile, ohne den Mut zu haben, alte Küsten aus den Augen zu verlieren.

ANDRÉ GIDE

Reisen ist besonders *schön*, wenn man nicht weiss, *wohin* es geht.

LAOTSE

Nicht wer *alt* ist, weiss viel, sondern wer viel *herumgekommen* ist.

SPRICHWORT AUS DER TÜRKEI

WER DIE

Abenteuerlichkeit

DES REISENS INS *Blut* BEKOMMT,

WIRD DIESE ABENTEUERLICHKEIT

nicht wieder los.

BRUNO H. BÜRGEL

Drum o Mensch, sei *weise*,

pack die *Koffer*

und *verreise.*

WILHELM BUSCH

Man reist ja nicht um

anzukommen,

sondern um zu reisen.

JOHANN WOLFGANG VON GOETHE

BEIM *Reisen*

WECHSELT MAN SEINE

Meinungen

UND *Vorurteile.*

ANATOLE FRANCE

REISEN IST DAS *beste,*

JA DAS EINZIGE *Heilmittel*

GEGEN KUMMER.

ALFRED DE MUSSET

Aufmerksam SEIN

MACHT DAS LEBEN *schön.*

UNBEKANNT

COLORFUL FACT

Der bunteste Berg der Welt ist
wohl der Vinicunca im Süden Perus.
Durch überlagerte Mineralien ist die
Oberfläche mit sieben verschiedenen
Farben gestreift.

COLORFUL FACT

Die Route 66 führt von Chicago nach
Los Angeles und durchkreuzt dabei
acht Staaten und drei Zeitzonen.

COLORFUL FACT

Die ersten Tempelbauten der Maya
sollen bereits um 500 vor Christus
entstanden sein.

COLORFUL FACT

Der Hamburger Dom fand ursprünglich
tatsächlich in einem Dom statt.
Heute wird das Volksfest
draußen veranstaltet.

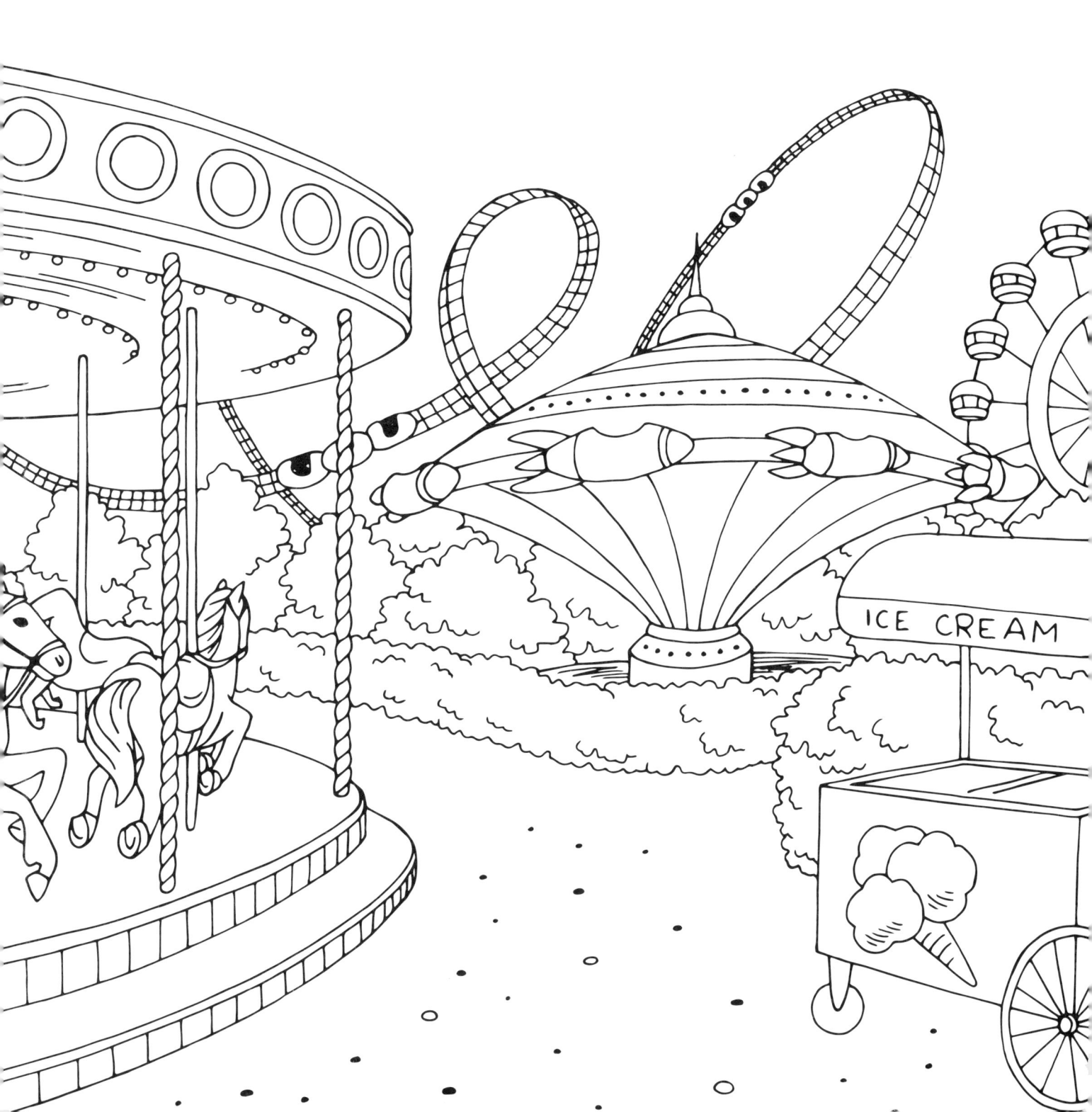

COLORFUL FACT

Ungefähr 10 % aller aktiver Vulkane
befinden sich in Japan.

COLORFUL FACT

Das Anker-Motiv als Tattoo signalisierte
ursprünglich, dass der Träger bereits
den Atlantik überquert hatte.

COLORFUL FACT

Das Londoner Wahrzeichen „Big Ben"
bezeichnet nur die Glocke des Turms.
Der Turm selbst heißt „Elizabeth Tower".

WENN MAN NICHT WEISS,

WELCHEN *Hafen*

MAN ANSTEUERT,

IST *kein Wind* GÜNSTIG.

SENECA

COLORFUL FACT

Um die Chinesische Mauer
entlang zu laufen, bräuchte man
ungefähr 18 Monate.

VIEL *wandern*

MACHT *bewandert.*

PETER SIRIUS

DIE *Welt* IST EIN *Buch.*

WER NIE REIST,

SIEHT NUR *eine Seite* DAVON.

AUGUSTINUS AURELIUS

Wer reisen will,

muss zunächst *Liebe*

zu *Land* und *Leuten*

mitbringen.

THEODOR FONTANE

Entspanne dich,

lass das Steuer los,

trudle durch die Welt,

sie ist so schön.

KURT TUCHOLSKY

Nimm nur *Erinnerungen* mit, hinterlasse nichts ausser *Fußspuren.*

CHIEF SEATTLE

Impressum

Illustrationen: Tannaz Afschar (Cover, S. 17, 21, 35, 47, 51, 55, 61, 67, 77, 83, 85, 95, 105, 107, 109, 111, 113, 119, 121, 129, 133, 139), Franzi/shutterstock.com (S. 19, 131), Vlasenko Katy/shutterstock.com (S. 23, 25, 33, 41, 43, 45, 49, 57, 59, 65, 69, 71, 75, 79, 81, 87, 91, 97, 99, 101, 115, 117, 135, 137, 141, 143), SomjaiJaithieng/shutterstock.com (S. 27, 37), Ekaterina Efstathiadi/shutterstock.com (S. 29), Lana Samokhina/shutterstock.com (S. 31, 39, 53, 63, 73), Big Boy/shutterstock.com (S. 89, 127), Peaksel DOO/shutterstock.com (S. 93, 103), Aluna1/shutterstock.com (S. 123), Helen Lane/shutterstock.com (S. 125)
Anleitungsteil: Jule Bauder
Produktmanagement und Lektorat: Seline Gwinn
Cover: Eva Hook
Herstellung: Jessica Siebert
Satz: tebitron gmbh, Gerlingen
Druck und Bindung: Drukarnia Interak Sp. z o.o.

5. Auflage 2024
© 2022 frechverlag GmbH, Dieselstr. 5, 70839 Gerlingen, einem Unternehmen der Penguin Random House Verlagsgruppe GmbH, München
ISBN: 978-3-7724-4685-6 Best.-Nr. 4685

Penguin Random House
Verlagsgruppe FSC® N001967